L'ÉCOLE DE LA
MER

S'INSPIRER DE LA MER
POUR VIVRE MIEUX

@suzac_editions
contact@suzac.fr
www.suzac.fr

Dépôt légal : juin 2022
ISBN : 978-2-490795-36-9

Achevé d'imprimer : mai 2022
Imprimé en UE

L'ÉCOLE DE LA MER

S'INSPIRER DE LA MER POUR VIVRE MIEUX

SUZAC
éditions

sommaire

La mer est sans routes,
la mer est sans explications.

Alessandro Baricco

1

DES VÉRITÉS premières

C'est toute la vie que je contemple, le soleil, les nuages, la mer, le temps qui passe et reste là. C'est aussi, parfois, cet autre monde devenu étranger, que j'ai quitté depuis des siècles. Ce monde moderne artificiel où l'homme a été transformé en machine à gagner de l'argent pour assouvir de faux besoins, de fausses joies.

Bernard Moitessier (1925-1994)

Tu sais ce qui est beau, ici ? Regarde : on marche, on laisse toutes ces traces sur le sable, et elles restent là, précises, bien en ligne. Mais demain tu te lèveras, tu regarderas cette grande plage et il n'y aura plus rien, plus une trace, plus aucun signe, rien. La mer efface, la nuit. La marée recouvre. Comme si personne n'était jamais passé. Comme si nous n'avions jamais existé. S'il y a, dans le monde, un endroit où tu peux penser que tu n'es rien, cet endroit, c'est ici.

Alessandro Barrico (1958-)

La première sensation ne se retrouve jamais. Le premier amour, le premier lever de soleil, la première île des mers du Sud… Le bateau tourna sur sa quille, l'ancre plongea : cela fit un petit bruit, un grand événement, car mon âme descendit avec cette amarre en des profondeurs d'où le cabestan n'aurait pu l'extraire.

Robert Louis Stevenson (1850-1894)

Je me suis mis à chérir la solitude. Les nuits, les lumières, les heures froides entre minuit et quatre heures du matin. Le second quart. Le quart du chien. Les mouillages dans les baies sans aucun autre navire. Les conversations avec moi-même et avec mon voilier. Je perdais de vue le reste de ma vie.

Toine Heijmans (1969-)

JE CONTINUE SANS ESCALE VERS LES ÎLES DU PACIFIQUE PARCE QUE JE SUIS HEUREUX EN MER, ET PEUT-ÊTRE AUSSI POUR SAUVER MON ÂME.

Bernard Moitessier (1925-1994)

Homme libre,
toujours tu chériras
la mer !
Charles Baudelaire (1821-1867)

La mer
Qu'on voit danser
Le long des golfes clairs
A des reflets d'argent
La mer
Des reflets changeants
Sous la pluie

La mer
Qu'au ciel d'été confond
Ses blancs moutons
Avec les anges si purs
La mer
Bergère d'azur, infinie

[…]

Et d'une chanson d'amour
La mer
A bercé mon cœur pour la vie

Charles Trenet (1913-2001)

2

L'IRRÉSISTIBLE ATTRAIT du départ

Les matelots se passionnent pour leur navire ; ils pleurent de regrets en le quittant, de tendresse en le retrouvant. Ils ne peuvent rester dans leur famille ; après avoir juré cent fois qu'ils ne s'exposeront plus à la mer, il leur est impossible de s'en passer, comme un jeune homme ne se peut arracher des bras d'une maîtresse orageuse et infidèle.

François-René de Chateaubriand (1768-1848)

Ce tourment que le vent
Fait gronder dans mon sang
Ce désir de partir
Et vers tant d'archipels
Et vers tant d'îles qui m'appellent…

Il y a des chansons magiques
Pour les départs et des cantiques
Pour endormir au fil de l'eau
Celui qui s'en ira bientôt
Dans sa barque en sapin pleureuse d'eau bénite.

Antony Lhéritier (1912-1993)

Pour être matelot sur un phoquier à voile à la fin du XIXe siècle, il faut avoir à fuir : la misère ou soi-même.

Jean-François Deniau (1928-2007)

DÈS QUE LE VENT SOUFFLERA
JE REPARTIRA
DÈS QUE LES VENTS
TOURNERONT
NOUS NOUS EN ALLERONS

Renaud (1952-)

La mer est multiple, plus forte que le plus fort alcool.
On vivra des semaines durant avec le feu aux joues et ce vide que vous laisse dans la poitrine l'éternel balancement du flot.
Une fièvre. Une maladie.
La mer qui vous entre dans le sang comme un sérum.

Georges Simenon (1903-1989)

**Au diable le trésor !
C'est l'appel
de la mer qui me fait
tourner la tête !**

Robert Louis Stevenson (1850-1894)

Marius : Les îles Sous-le-Vent ? J'aimerais mieux ne jamais y aller pour qu'elles restent comme je les ai faites. Mais j'ai envie d'ailleurs, voilà ce qu'il faut dire. C'est une chose bête, une idée qui ne s'explique pas. J'ai envie d'ailleurs.

Fanny : Et c'est pour cette envie que tu veux me quitter ?

Marius : Ne dis pas que « je veux », parce que ce n'est pas moi qui commande… Lorsque je vais sur la jetée, et que je regarde le bout du ciel, je suis déjà de l'autre côté. Si je vois un bateau sur la mer, je le sens qui me tire comme une corde. Ça me serre les côtes, je ne sais plus où je suis… Toi, quand nous sommes montés sur le pont transbordeur, tu n'osais pas regarder en bas, tu avais le vertige, il te semblait que tu allais tomber. Et bien moi, quand je vois un bateau qui s'en va, je tombe avec lui.

Marcel Pagnol (1895-1974)

Appelez-moi Ismaël. Il y a quelques années de cela –peu importe combien exactement–, comme j'avais la bourse vide, ou presque, et que rien d'intéressant ne me retenait à terre, l'idée me vint de naviguer un peu et de revoir le monde marin. C'est ma façon à moi de chasser la morosité et de corriger les désordres de mes humeurs. Quand je sens l'amertume plisser mes lèvres, quand bruine dans mon âme un humide novembre et que je me surprends à faire halte, malgré moi, devant les marchands de cercueils, à me glisser dans le premier cortège funèbre que je croise, et, surtout, quand la noire mélancolie me tient si fort que seul un robuste sens moral peut m'empêcher de descendre d'un pas décidé dans la rue et d'envoyer méthodiquement valser les chapeaux des passants – alors, j'estime nécessaire de m'embarquer sans délai. D'autres auraient recours à un pistolet chargé. Avec un panache tout philosophique, Caton se jette sur son épée ; moi, tranquillement, je lève l'ancre. Quoi de surprenant ? S'ils en avaient conscience, presque tous les hommes ont, à un moment où à un autre, et chacun à sa façon, éprouvé envers l'océan des sentiments assez semblables aux miens.

Herman Melville (1819-1891)

La mer est sa plus grande joie, son absolution, il se sauve en appareillant.

Yann Queffélec (1949-)

Étonnants voyageurs ! quelles nobles histoires
Nous lisons dans vos yeux profonds comme la mer !
Montrez-nous les écrins de vos riches mémoires,
Ces bijoux merveilleux, faits d'astres et d'éthers.

Nous voulons voyager sans vapeur et sans voile !
Faites, pour égayer l'ennui de nos prisons,
Passer sur nos esprits, tendus comme une toile,
Vos souvenirs avec leurs cadres d'horizons.

Dites, qu'avez-vous vu ?

Charles Baudelaire (1821-1867)

PARTIR, PARTIR
ON A TOUJOURS UN BATEAU DANS LE CŒUR.

Jean-Loup Dabadie (1938-2020)

Alors, pourquoi partent-ils ?
Sous quelle impulsion ?
Tout d'abord, parce qu'ils aiment naviguer !
Le plaisancier est un être bizarre, qui paye très cher, en argent et en soucis, le plaisir de trembler en mer. Car il tremble sans cesse : pour son petit bateau, pour ses compagnons, pour lui ; pour son honneur, qu'il estimera perdu s'il « cafouille », s'il fait une fausse manœuvre, si même il ne tire pas le meilleur parti possible (le sens du mot « meilleur » étant fixé par un évangile mystérieux et sacré) du temps qu'il fait.

Jean Merrien (1905-1972)

3

LE BONHEUR POUR SEUL horizon

Ma petite barque, ma chère petite barque, toute blanche avec un filet le long du bordage, allait doucement, doucement sur la mer calme, calme, endormie, épaisse et bleue aussi, bleue d'un bleu transparent, liquide, où la lumière coulait, la lumière bleue, jusqu'aux roches du fond.

Guy de Maupassant (1850-1893)

La mer, rien que la mer. Charmeuse irrésistible, elle vous enveloppe, vous fascine, fait le vide en vous, finit par vous rendre absolument étranger à tout ce qui n’est pas elle. Je la sens qui m’entre par les yeux, à petites ondes ; elle me pénètre, elle m’emplit. Je suis sa chose. Dans sa caresse mouillée, mon cœur d’homme se dissout. La mystérieuse chanson des flots bruit au fond de moi. C’est obsédant et plaintif, tyrannique et délicieux. Dans cette rumeur monotone, la pensée est comme fondue.

Anatole Le Braz (1859-1926)

Depuis le premier jour où il avait foulé le pont d'un bateau, le moment du départ lui produisait toujours une singulière sensation de calme, très proche du bonheur. La terre restait derrière, et tout ce dont il pouvait avoir besoin était avec lui à bord, circonscrit dans les limites étroites du bateau […] Il suffisait de quelques litres de carburant et d'huile, de voiles et d'un bon vent pour que tout ce que contient la terre ferme devienne superflu, négligeable. Voix, bruits, gens, odeurs, tyrannie de l'horloge cessaient d'avoir un sens.

Arturo Pérez-Reverte (1951-)

Liste des plaisirs de l'escale :
– S'assoir au bistrot du port pour regarder de terre son bateau bien mouillé.
– Boire frais.
– Consulter un menu à triple volet sans se préoccuper de la vaisselle à faire.
– Traîner.
– Abuser de l'eau douce en laissant couler sa douche, en lavant ses chaussettes dans le lavabo, etc.
– Flâner.
– Prendre une glace au chocolat.
– Se faire raser par un barbier professionnel et laver les cheveux par une main amie. Pour ceux qui ne se rasent pas, promener sa barbe et lui montrer le monde et la ville.
– Voir passer les gens.
– Dormir sur un lit les bras en croix.
– Lire les dépliants touristiques de l'escale.
[…]

Jean-François Deniau (1928-2007)

Ces robustes navires, à l'air désœuvré et nostalgique, ne nous disent-ils pas dans une langue muette : quand partons-nous pour le bonheur ?

Charles Baudelaire (1821-1867)

C'est le calme, le calme doux et chaud d'un matin de printemps dans le Midi ; et déjà, il me semble que j'ai quitté depuis des semaines, depuis des mois, depuis des années les gens qui parlent et qui s'agitent ; je sens entrer en moi l'ivresse d'être seul, l'ivresse douce du repos que rien ne troublera, ni la lettre blanche, ni la dépêche bleue, ni le timbre de ma porte, ni l'aboiement de mon chien. On ne peut m'appeler, m'inviter, m'emmener, m'opprimer avec des sourires, me harceler de politesses. Je suis seul, vraiment seul, vraiment libre. Elle court, la fumée du train sur le rivage ! Moi je flotte dans un logis ailé qui se balance, joli comme un oiseau, petit comme un nid, plus doux qu'un hamac et qui erre sur l'eau, au gré du vent, sans tenir à rien. J'ai pour me servir et me promener deux matelots qui m'obéissent, quelques livres à lire et des vivres pour quinze jours. Quinze jours sans parler, quelle joie !

Guy de Maupassant (1850-1893)

En tant que constructeur de bateaux, Harry se montrait hors pair. C'était un artisan inégalable. Des années durant, il avait vécu sous une tente, et il n'avait emménagé dans son bateau que le jour où la cabine avait été construite. Dès qu'il s'était trouvé au sec, il avait pris son temps avec le reste du bateau. Ce bateau, d'ailleurs, était plutôt sculpté que construit. Il mesurait trente-cinq pieds de long. Ses lignes changeaient perpétuellement. Tantôt, il tournait à la caravelle, tantôt au destroyer et tantôt au cargo. Harry étant toujours à court d'argent, il lui fallait parfois des mois pour se procurer un parquet ou une douzaine de boulons de cuivre. Mais cet état de choses lui convenait, car il tenait essentiellement à ce que le bateau ne fût jamais fini.

John Steinbeck (1828-1913)

Il y a dans la vie périlleuse du marin une indépendance de la terre ; on laisse sur le rivage les passions des hommes ; entre le monde que l'on quitte et celui que l'on cherche, on n'a pour amour et patrie que l'élément sur lequel on est porté : plus de devoirs à remplir, plus de visites à rendre, plus de journaux, plus de politique.

François-René de Chateaubriand (1768-1848)

4

HUMILITÉ
simplicité

Sur l'île, je me trouve peut-être devant cette chose qu'on cherche à tout prix à nous cacher et qui pourrait nous sauver du naufrage : le sens de la limite. Que cela nous ferait donc du bien, un peu de crainte saine et superstitieuse du courroux de Dieu – ou des dieux – afin de nous guérir de cette morgue obscène qu'engendre notre conviction d'être sûrs de nous et rassasiés, dans un monde empli de vacarme et de démence.

Paolo Rumiz (1947-)

Le monde aurait pu être plus simple comme le ciel et la mer.

André Malraux (1901-1976)

EN BATEAU, ON SAIT OU ON NE SAIT PAS. MALHEUR AUX TRICHEURS. L'OCÉAN EST SANS PITIÉ.

Éric Tabarly (1931-1998)

En mer, c'est pas comme à l'école, il n'y a pas de professeurs. Il y a la mer et il y a toi. Et la mer n'enseigne pas, la mer fait, à sa façon.
Erri de Luca (1950-)

Que dit la source à l'océan ?
Je te porte sans bruit ni gloire,
Ce qui te manque ô vaste mer,
Une goutte d'eau qu'on peut boire.

Proverbe marin

Quand on vit à bord, c'est toujours comme cela, on n'a pas de place définie dans la société, on a des fréquentations éclectiques. Ce que je sais, c'est que les gens que nous apprenons à connaître, riches ou pauvres, ne sont jamais médiocres. Le snobisme n'a pas de place chez nous, il s'étiole dans une cabine de bateau […] Nous aimons ces longues traversées, quand rien de ce qui est terrestre n'a plus d'importance. Au milieu de l'océan l'argent ne signifie rien, ni aucun des modes de la vie à terre.

Annie Van de Wiele (1922-2099)

« Éclairer sans éblouir »

Devise de la Compagnie des phares et balises du Finistère

J'aimerais que la mer soit une source d'inspiration en matière d'éthique et une façon de retrouver du sens à une existence à terre. À mon avis, il y a beaucoup de choses utiles et précieuses à apprendre de la fréquentation de la mer. Entre autres l'humilité, la ténacité, la patience, la collaboration et la vigilance. Mais avant tout la liberté. C'est naturellement un paradoxe. Sur un bateau, on est prisonnier comme nulle part ailleurs. On ne peut rien faire d'autre que continuer à naviguer, si l'on veut survivre. Mais, en même temps, on est plus libre qu'en aucun autre endroit sur terre. Plus libre, devant l'horizon illimité, de rêver à toutes les vies possibles et impossibles.

Björn Larsson (1953-)

5

ÉCOUTER
ressentir

Ici, au bord de la mer, le silence a une qualité particulière, la nuit. Je ne sais pas si j'y suis pour quelque chose, je veux dire si c'est moi qui influe ainsi sur le silence de ma chambre et de toute la maison ou bien s'il s'agit d'un effet circonscrit, dû au sel dans l'atmosphère, peut-être, ou au climat de la côte en général.

John Banville (1945-)

C'est sur la pointe de Saint-Mathieu que les amis, les mères, les amantes tendent les bras, présentent leurs enfants, fondent en larmes au départ des vaisseaux qui sortent pour la guerre ou pour des courses éloignées. C'est là qu'on les attend, qu'on les salue, quand une flamme bienfaisante ou le canon annonce leur retour : on les appelle, on les suit le long du rivage, on ne peut les perdre de vue : impatience, cris d'allégresse, mouchoirs agités dans les airs, marche précipitée, inquiétude, battements de cœur, convulsions ; tout genre de sentiment, d'émotions, d'amour, d'amitié, de frayeur ; tout mouvement que le cœur détermine se manifeste sur ce rocher aride et sur ces routes momentanément animées.

Jacques Cambry (1749-1807)

Armé du manuel du commandant, je tâchai de les identifier. Les petits oiseaux blancs et noirs qui patinaient dans notre sillage étaient des pétrels-tempête ; les lourds voiliers bruns, des stercoraires ; les oiseaux semblables à des mouettes qui se maintenaient dans le vent à la hauteur de la cabine et, bord à bord, adaptaient leur vol à la vitesse du bateau, des fulmars. Mais les oiseaux qui l'emportaient sur tous les autres, les as des as de l'aéronautique, étaient les puffins des Anglais. Ils serraient les vagues sur des ailes aussi raides que celles des modèles réduits, glissant, virant, pivotant, plongeant, suivant le contour de l'eau à une distance si faible que l'on ne pouvait pas dire où finissait la vague et où commençait l'extrémité de l'aile de l'oiseau. Penchés sur une trajectoire parfaitement parallèle au front d'une déferlante, les puffins scellaient avec l'océan leur union de casse-cou. Avec leur air d'avoir été composé de balsa, de papier de soie, et de dopant, ces oiseaux rendaient comique cet Atlantique Nord autrement si lugubre.

Jonathan Raban (1942-)

Grande, très grande différence entre les deux éléments : la terre est muette, et l'Océan parle. L'Océan est une voix. Il parle aux astres lointains. Il parle à la terre, au rivage, dialogue avec leurs échos ; plaintif, menaçant tour à tour, il gronde ou soupire. Il s'adresse à l'homme surtout. Comme il est le creuset fécond où la création commença et continue dans sa puissance, il en a la vivante éloquence ; c'est la vie qui parle à la vie. Les êtres qui, par millions, milliards, naissent de lui, ce sont ses paroles. La mer de lait dont ils sortent, avant même de s'organiser, blanche, écumante, elle parle. Tout cela ensemble, mêlé, c'est la grande voix de l'Océan.

Jules Michelet (1798-1874)

**J'ÉCOUTE LA MER, J'ÉCOUTE
LE VENT, J'ÉCOUTE LES VOILES
QUI PARLENT AVEC LA PLUIE
ET LES ÉTOILES DANS
LES BRUITS DE LA MER
ET JE N'AI PAS SOMMEIL.**

Bernard Moitessier (1925-1994)

Les hommes n'ont nul besoin de mots, ici, en pleine mer. La morue se fiche des mots, même des adjectifs comme sublime. La morue ne s'intéresse à aucun mot, pourtant elle nage dans les océans, presque inchangée, depuis cent vingt millions d'années. Cela nous apprend-il quelque chose sur le langage ?

Jon Kalman Stefanson (1963-)

Naviguer c'est être attentif, garder les yeux ouverts en grand, sentir plus fort. Si seulement on mettait le même soin à tout, dans la vie…

David Fauquemberg (1973-)

6

LEÇONS d'éternité

Chacun est un petit maillon de la chaîne d'union de l'île. On naît, on meurt, et entre les deux on navigue, on aime, on travaille, on est droit dans ses bottes, entre le ciel et l'eau, on entend corner le bateau qui fait la rotation.

Lorraine Fouchet (1956-)

Il appelait l'océan la mar, qui est le nom que les gens lui donnent en espagnol quand ils l'aiment. On le couvre aussi d'injures parfois, mais cela est toujours mis au féminin, comme s'il s'agissait d'une femme. Quelques pêcheurs parmi les plus jeunes, ceux qui emploient des bouées en guise de flotteurs pour leurs lignes et qui ont des bateaux à moteur, achetés à l'époque où les foies de requin se vendaient très cher, parlent de l'océan en disant el mar, qui est masculin. Ils en font un adversaire, un lieu, même un ennemi. Mais pour le vieux. L'océan c'était toujours la mar, quelque chose qui dispense ou refuse de grandes faveurs ; et si la mar se conduit comme une folle, c'est parce qu'elle ne peut faire autrement : la lune la tourneboule comme une femme.

Ernest Hemingway (1899-1961)

Quand je me suis embarqué pour la traversée jusqu'à cette île, j'ai vu sur la jetée une demi-douzaine de vieux, de rugueux loups de mer, assis avec leur vin, leur chapelet à la main. Ils ne disaient rien, ils regardaient les reflets de l'eau à travers les fentes de leurs yeux. Qui sait quelles pensées abyssales, qui sait quelles histoires, quels souvenirs, quels océans ? Aujourd'hui, je me demande : Et si derrière ces regards, il n'y avait que le néant de l'oubli, le cours silencieux du Léthé, la reddition face à l'absurdité du monde ? Et si les goélands, avec leur œil jaune et indifférent, avaient déjà tout compris sans l'aide d'Aristote, de Voltaire ou de Galilée ?

Paolo Rumiz (1947-)

J'ai pris la photographie de la mer et je l'ai éditée, je suis partie avec un livre. La mer est restée là, convenable, discrète, parfaite, invisible, éternelle.

Marguerite Duras (1914-1996)

CECI EST LA MER : LE MOUVEMENT GIGANTESQUE ET CONTINU, UNE SORTE D'EN-AVANT FURIEUX ET EFFRÉNÉ DES MASSES ET DES SOUFFLES.

Victor Hugo (1802-1885)

7

AUX FRONTIÈRES du sacré

> Comme je veille pour prendre l'heure de lever de la lune, j'ai l'impression que la mer est un élément bizarre, formidable, au sens étymologique du mot. Il me semble qu'un système aussi irréductiblement différent du nôtre que celui d'une autre planète, se trouve là, à mes pieds, vivant, mais impénétrable.
>
> Alain Bombard (1924-2005)

D'où vient que les anciens Perses tenaient la mer pour sacrée, et que les Grecs lui avaient attribué une divinité particulière, qui n'était autre que le propre frère de Jupiter ? Assurément rien de tout cela n'est dépourvu de signification. Et combien plus profondément significative encore, l'histoire de Narcisse qui, ne pouvant saisir la douce et torturante image qu'il voyait dans la fontaine, plongea dans son eau et s'y noya. Mais cette image est celle-là même que nous découvrons nous aussi dans l'eau de toutes les rivières et de tous les océans. L'image de l'insaisissable fantôme de la vie. Là est la clef de tout.

Herman Melville (1819-1891)

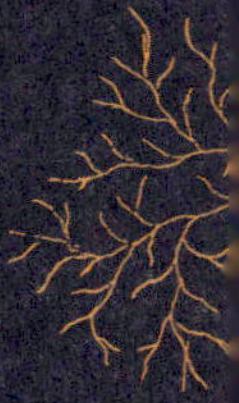

Mais cette mer, monsieur Aronnax, me dit-il, cette nourrice prodigieuse, inépuisable, elle ne nourrit pas seulement ; elle me vêt encore. Ces étoffes qui vous couvrent sont tissées avec le byssus de certains coquillages ; elles sont teintes avec le pourpre des Anciens et nuancées de couleurs violettes que j'extrais des aplysies de la Méditerranée. Les parfums que vous trouverez sur la toilette de votre cabine sont le produit de la distillation des plantes marines. Votre lit est fait du plus doux zostère de l'océan. Votre plume sera un fanon de baleine, votre encre la liqueur sécrétée par la seiche ou l'encornet. Tout me vient maintenant de la mer comme tout lui retournera un jour.

Jules Verne (1828-1905

La mer est la matrice de la Création, et nous avons sa mémoire dans le sang.

Hillaire Belloc (1870-1953)

Partout où la mer est profonde, sa vie continue, équilibrée, parfaitement balancée, calme et féconde, toute à ses enfantements. Elle ne s'aperçoit pas de ces petits accidents qui ne se passent qu'en haut. Les grandes légions de ses enfants qui vivent (quoi qu'on ait dit) au fond de sa paisible nuit et ne remontent tout au plus qu'une fois par an vers la lumière et les tempêtes doivent aimer leur grande nourrice comme l'harmonie elle-même.

Jules Michelet (1798-1874)

Dieu des chrétiens ! C'est surtout dans les eaux de l'abîme, et dans les profondeurs des cieux, que tu as gravé bien fortement les traits de ta toute-puissance ! Des millions d'étoiles rayonnant dans le sombre azur du dôme céleste, la lune au milieu du firmament, une mer sans rivage, l'infini dans le ciel et sur les flots ! Jamais tu ne m'as plus troublé de ta grandeur, que dans ces nuits où, suspendu entre les astres et l'Océan, j'avais l'immensité sur ma tête, et l'immensité sous mes pieds !

François-René de Chateaubriand (1768-1848)

Ce sont de graves relations que celles d'un homme avec son navire. Le navire a ses droits, comme s'il pouvait respirer et parler : et, en vérité, il y a des navires auxquels, pour l'homme qui les comprend, il ne manque – comme on dit – que la parole.
Un navire n'est pas un esclave. Rendez-le manœuvrant par grosse mer, n'oubliez jamais que vous lui devez la plus large part de votre pensée, de votre habileté, de votre amour-propre. Si vous vous rappelez cette obligation, naturellement et sans effort, comme si c'était là un sentiment instinctif de votre propre vie intérieure, vous le ferez tenir l'allure, donner dans le vent, faire route aussi longtemps qu'il le pourra, ou, comme un oiseau de mer qui va se reposer sur les vagues furieuses, vous le verrez, en cape, étaler le plus gros temps qui vous ait jamais fait douter de vivre jusqu'au prochain lever du jour.

Joseph Conrad (1857-1924)

– Vous aimes la mer capitaine ?

– Oui, je l'aime ! La mer est tout ! Elle couvre les sept dixièmes du globe terrestre. Son souffle est pur et sain. C'est l'immense désert où l'homme n'est jamais seul, car il sent frémir la vie à ses côtés. La mer n'est que le véhicule d'une surnaturelle et prodigieuse existence ; elle n'est que mouvement et amour ; c'est l'infini vivant comme l'a dit un de vos poètes.

Jules Verne (1828-1905)

La mer fait divaguer les vagues, les pensées et les voiliers : même la tête elle aussi divague et les routes qui hier étaient là aujourd'hui n'y sont pas.

Alessandro Baricco (1958-)

On y sent, on croit y sentir la vibrante intonation de la vie. En effet au moment du flux, quand la vague monte sur la vague, immense, électrique, il se mêle au roulement orageux des eaux le bruit des coquilles et de mille êtres divers qu'elle apporte avec elle. Le reflux vient-il, un bruissement fait comprendre qu'avec les sables elle remporte ce monde de tribus fidèles, et le recueille en son sein.

Jules Michelet (1798-1874)

Assistons à l'œuvre divine. Prenons une goutte dans la mer. Nous y verrons recommencer la primitive création. Dieu n'opère pas de telle façon aujourd'hui, et d'autre demain. Ma goutte d'eau, je n'en fais pas doute, va dans ses transformations me raconter l'univers. Attendons et observons.

Qui peut prévoir, deviner l'histoire de cette goutte d'eau ? – Plante-animal, animal-plante, qui le premier doit en sortir ?

Jules Michelet (1798-1874)

Quand habillé en mousse, avec son petit calot blanc de travail, il monta sur le pont pour se présenter à ses supérieurs, il était très ému. Il se sentait un vrai marin. Son grand rêve s'était réalisé. Le sang de son père revivait sur l'océan. Il respira l'air salé à pleins poumons, regarda la fine proue de son bateau et décida que ce qu'il aimait le plus au monde, après sa mère, était le *Baquedano*. Le vieux navire semblait avoir une âme. Sa belle figure de proue relevait la tête, scrutant les horizons lointains, et fendait avec fougue le grand jardin d'écume et de vagues. Pour son dernier voyage, un nouveau fils lui était né en pleine mer : Alejandro Silva, le dernier mousse du *Baquedano*, surgi de ses entrailles comme du fond noir de l'océan.

Francisco Coloane (1910-2002)

8

MINUSCULE ET immense

Mais sous les hautes latitudes, si l'homme est écrasé par le sentiment de sa petitesse, il est porté aussi, protégé, par celui de sa grandeur. C'est là, dans l'immense désert de l'océan Austral, que je sens pleinement à quel point l'homme est à la fois un atome et un dieu.

Bernard Moitessier (1925-1994)

Il paraissait incroyable qu'une création sortie d'entre les mains de l'homme pût endurer longtemps ces violences barbares, tant la goélette était projetée d'un flanc de montagne à l'autre, battue, souffletée, tendons tiraillés, articulations tordues, comme un enfant sur un chevalet de torture. Il n'était pas un bord qui criât merci, mais, constatant que le bâtiment ne se disjoignait point, je me prenais à éprouver une sympathie croissante pour ses efforts, une admiration toujours plus grande pour son dévouement héroïque, et cela, par moments, me distrayait de mes terreurs. Dieu bénisse chacun des hommes qui ont travaillé du maillet sur cette coque robuste autant que minuscule ! Ce ne fut pas seulement pour gagner leur pain qu'ils y mirent tant de soins, mais aussi pour préserver la vie d'autres hommes.

Robert Louis Stevenson (1850-1894)

La philosophie et la religion… que sont-elles quand le vent souffle et que la mer soulève des montagnes d'eau ?

William Golding (1911-1993)

Il eût été à plaindre celui qui, dans ce spectacle n'eût point reconnu la beauté de Dieu. Des larmes coulèrent malgré moi de mes paupières, lorsque mes compagnons, ôtant leurs chapeaux goudronnés, vinrent à entonner d'une voix rauque leur simple cantique à Notre-Dame-des-Bons-Secours, patronne des mariniers. Quelle était touchante la prière de ces hommes qui, sur une planche fragile, au milieu de l'Océan, contemplaient le soleil couchant sur les flots ! Comme elle allait à l'âme, cette invocation du pauvre matelot à la Mère de Douleur ! La conscience de notre petitesse à la vue de l'infini, nos chants s'étendant au loin sur les vagues, la nuit s'approchant avec ses embûches, la merveille de notre vaisseau au milieu de tant de merveilles, un équipage religieux saisi d'admiration et de crainte, un prêtre auguste en prières, Dieu penché sur l'abîme, d'une main retenant le soleil aux portes de l'occident, de l'autre élevant la lune dans l'orient, et prêtant, à travers l'immensité, une oreille attentive à la voix de sa créature : voilà ce qu'on ne saurait peindre, et ce que tout le cœur de l'homme suffit à peine pour sentir.

François-René de Chateaubriand (1768-1848)

9

VIVRE L'INSTANT présent

Cela nous est parfaitement égal qu'il y ait la mer sans limite, et que la pluie couvre hier, aujourd'hui, et demain, nous pourrions tout supporter, même de ne rien voir jamais rien d'autre que le bout de notre proue repoussant de chaque côté sa lèvre d'eau, ce que nous voudrions surtout c'est gouverner parce que gouverner nous donne la certitude d'être aussi vivant que la pluie et que la mer…

Jean Giono (1895-1970)

Le soleil ne s'était pas encore levé. La mer et le ciel eussent semblé confondus, sans les mille plis légers des ondes pareils aux craquelures d'une étoffe froissée. Peu à peu, à mesure qu'une pâleur se répandait dans le ciel, une barre sombre à l'horizon le sépara de la mer, et la grande étoffe grise se raya de larges lignes, bougeant sous sa surface, se suivant, se poursuivant l'une l'autre en un rythme sans fin. Chaque vague se soulevait en s'approchant du rivage, prenait forme, se brisait, et traînait sur le sable un mince voile d'écume.

Virginia Woolf (1882-1941)

“

Les jours s’écoulent ainsi. Il y a tant à faire que le temps ne nous pèse jamais. Même lorsqu’il y a peu à faire à bord, comment pourrions-nous nous ennuyer, entourés comme nous le sommes par tant de paysages extraordinaires tout autour, tant sur la mer que dans le ciel. Les aubes se lèvent avec des lueurs incendiaires surmontées d’arcs-en-ciel qui culminent presque jusqu’au zénith ; les crépuscules marbrent de rose la mer pourpre, alors que les derniers rayons du soleil montent, divergents, dans le ciel avec les reflets du bleu le plus pur. Le long du bord, dans la journée, la mer semble d’un satin azuré pénétré par les rayons lumineux du soleil. En arrière, lorsqu’il y a du vent, s’agitent en profondeur des cohortes de fantômes turquoise, voilées par l'écume laiteuse foulée par la carène du *Snark* à chacun de ses passages dans la lame. La nuit, notre sillage phosphorescent passe à travers des bancs de méduses repoussées par notre lourde coque, pendant qu'en profondeur s'élancent des étoiles filantes aux traînes nébuleuses, sillages de bonites se précipitant à travers la masse immobile des polypes. Et de temps à autre, dans l'obscurité, de plus gros organismes très phosphorescents apparaissent sur chaque bord juste sous la surface, brillant comme des étincelles, révélant des bonites s'abattant sur leurs proies juste sous notre bout-dehors.

Jack London (1876-1916)

Cela venait, se rapprochait, accourait, et lorsque cette ligne cotonneuse ne fut plus qu'à quelques centaines de mètres de nous, toute la voilure du yacht reçut brusquement une grande secousse du vent qui semblait galoper sur la surface de la mer, rageur et furieux, en lui plumant le flanc comme une main plumerait le ventre d'un cygne. Et tout ce duvet arraché de l'eau, cet épiderme d'écume voltigeait, s'envolait, s'éparpillait sous l'attaque invisible et sifflante de la bourrasque. Nous aussi, couchés sur le côté, le bordage noyé dans le flot clapoteux qui montait sur le pont, les haubans tendus, la mâture craquant, nous partîmes d'une course affolée, gagnés par un vertige, par une furie de vitesse. Et c'est vraiment une ivresse unique, inimaginable, exaltante, de tenir en ses deux mains, avec tous ses muscles tendus depuis le jarret jusqu'au cou, la longue barre de fer qui conduit à travers les rafales cette bête emportée et inerte, docile et sans vie, faite de toile et de bois.

Guy de Maupassant (1850-1893)

IL EST PEU DE CHOSES
AUSSI BELLES QUE LA MER
PAR UNE MAGNIFIQUE
JOURNÉE OU PAR UNE NUIT
LIMPIDE, QUAND ELLE RÊVE
ET QUE LE CLAIR DE LUNE EST
LA SOMME DE SES RÊVES.

Jon Kalman Stefanson (1963-)

10

ALLER AU BOUT DE ses rêves

Je suis au bord de la mer. Je vais y bâtir un nid dans lequel je serai incapable de rester. J'aime le mouvement et je pose des fondations. Peut-être parce que je sais que moi aussi, un jour, je serai immobile. Alors je construis des navires ancrés définitivement dans lesquels, plus tard, je nourrirai mes rêves. Tu viendras ?

Bernard Giraudeau (1947-2010)

Pour l'appel souriant de sa claire étendue
Et les feux agités de ses miroirs dansants
La mer, magicienne éblouissante et nue,
Éveille aux grands espoirs les cœurs adolescents.

Pour tenter de la fuir leur effort est stérile ;
Les moins aventureux deviennent ses amants,
Et, dès lors, un regret éternel les exile,
Car on ne guérit point de ses embrassements.

C'est elle, la première, en ouvrant sa ceinture
D'écume, qui m'offrit son amour dangereux
Dont mon âme a gardé pour toujours la brûlure
Et dont j'ai conservé le reflet dans mes yeux.

Jean de La Ville de Mirmont (1886-1914)

Peu importait que cela soit vrai ou non. L'un et l'autre savaient que les histoires de mer n'existent que lorsqu'on les raconte.

Jean-Claude Izzo (1945-2000)

Rapide comme le vent, la pensée peut courir, et s'étalant, divagant, se perdant, elle ne rencontre comme eux que des flots ; puis, au fond, il est vrai, tout au fond, là-bas, dans l'horizon des rêves, la vague Amérique, peut-être des îles sans nom, quelques pays à fruits rouges, à colibris et à sauvages, ou le crépuscule muet des pôles, avec le jet d'eau des baleines qui soufflent, ou les grandes villes éclairées en verres de couleur, le Japon aux toits de porcelaine, la Chine avec les escaliers à jour, dans des pagodes à clochettes d'or.
C'est ainsi que l'esprit, pour rétrécir cet infini dont il se lasse sans cesse, le peuple et l'anime. On ne songe pas au désert sans les caravanes, à l'Océan sans les vaisseaux, au sein de la terre sans les trésors qu'on lui suppose.

Gustave Flaubert (1821-1880)

Keep clear of propellers ! (Prenez garde aux hélices !) Cette phrase magique, peinte sur les panneaux que les vapeurs s'accrochent aux fesses, dans les ports, a-t-elle aussi le don de faire galoper votre imagination ?
Keep clear of propellers ! C'est l'odeur du goudron, du suif et du chanvre, c'est l'odeur de la peinture, de la vase et du charbon mouillé, c'est l'odeur des docks, des bassins et de la vapeur, c'est l'odeur des grues, du cambouis et de la marée, c'est l'odeur des départs, des voyages et des aventures, c'est l'odeur de notre propre inquiétude et de notre jeunesse irréductible.
Keep clear of propellers ! Vous l'avouerai-je les amours ? Rien ne gâte ce voyage que la menace de sa fin. Privé de vos nouvelles et pensant à vous tout le jour, je sens en moi quelque chose de sauvage qui désire que cela dure et ne cesse plus jamais [...]
Keep clear of propellers, mes amours ! Ceci n'est qu'un commencement. Je me sens bien faible devant l'appel de tout ce qui est derrière l'horizon.
Keep clear of propellers, parce que je ne sais pas si j'y résisterai toujours. Mes amours, gardez-moi bien, car rien ne me garde de moi-même qu'une fragile pellicule de bon sens.

Jean-Richard Bloch (18874-1947)

Et ma prérogative sur les mers est de rêver pour vous ce rêve du réel.

Saint-John Perse (1887-1975)

La mer vient inonder les rêves de ceux qui sommeillent au large, leur conscience s'emplit de poissons et de camarades qui les saluent tristement avec des nageoires en guise de mains.

Jon Kalman Stefanson (1963-)

ON PEUT PORTER LA MER EN SOI, EN N'AYANT JAMAIS SENTI L'ODEUR DU SEL, EN N'AYANT MÊME JAMAIS QUITTÉ LA CAMPAGNE OU LA VILLE.

Mariette Navarro (1980-)

L'Atlantique est ce guide complet de la création romanesque pour les écrivains de mer. C'est notre vieil académicien avec son bicorne d'écume qui n'aurait pas pris une ride, mais juste une légère marque à l'œil.

Olivier de Kersauson (1944-)

Moi, je rêvais.

Ce qui me fait aimer la mer avec tant de passion, que je puis dire avec Byron :

Ô mer, le seul amour auquel je fus fidèle !

C'est que non seulement je puis y rêver tout à mon aise, mais encore que j'y rêve malgré moi.

En effet, ce besoin de travail qui, sur terre, m'éperonne sans cesse, qui me poursuit à table, dans un salon, près d'un ami que j'aime, près d'une jolie femme que j'admire, non seulement cesse complètement à la mer, mais se change presque en répugnance […] Une fois mon regard perdu dans l'immensité, la pensée se fait immédiatement place au rêve.

Je rêve à quoi ? Dieu le sait ! À l'infini, aux mondes qui roulent sur ma tête, à la mer qui roule sous mes pieds. Il se fait alors dans mon esprit un crépuscule charmant bien autrement doux que l'aube du matin, que la demi-teinte du soir ; les fumeurs d'opium, les mangeurs de haschich, peuvent seuls comprendre cette voluptueuse absence de volonté.

Alexandre Dumas (1802-1870)

En outre, je croisais de nombreux vieux marins, portant des anneaux aux oreilles, avec leurs favoris frisés, leurs queues de cheval enduites de goudron, leur démarche mal assurée et fanfaronne à la fois. De voir autant de rois et d'archevêques ne m'aurait pas rendu plus heureux.

C'est que, moi aussi, j'allais prendre la mer ! Sur une goélette de surcroît, avec un maître d'équipage qui sifflait et des marins en catogan qui chantaient en chœur ! Je prenais la mer, à destination d'une île, pour y chercher des trésors cachés !

Robert Louis Stevenson (1850-1894)

[…] à leur passion les plaisanciers ne trouvent aucune explication normale, aucune légitimation ; ils haussent les épaules, et disent : « J'ai reçu la piqûre d'eau de mer ! » Ils considèrent leur vice comme pathologique.

Jean Merrien (1905-1972)

LA MER, C'EST LE CŒUR DU MONDE. VOULOIR VISITER LES OCÉANS, C'EST ALLER SE FROTTER AUX COULEURS DE L'ABSOLU.

Olivier de Kersauson (1944-)

Et voici le croisement de rues atteint et nous voici, nous les deux gosses, souffletés par le vent marin. Alors, tout ce qui faisait notre vie – famille, collège, camarades – disparaissait. Nous subissions une sorte d'envoûtement. Nous nous trouvions dans un autre monde. Tout y était différent : les hommes, les formes, les bruits, les odeurs, la vie elle-même. Là, plus rien n'était stable ni limité. Nous qui avions bavardé pendant toute la classe, marchions silencieux. Pourquoi parler ? Il nous fallait voir, nourrir notre émotion. Il y avait l'eau noire à nos pieds, cent coques de navires, ce fanal vert, cette passerelle appuyée, semblait-il, à cette courte cheminée d'où s'échappait encore un filet de fumée. Il y avait ces mâts, cette hune, cette voile qui claquait au vent, ce cri de sirène. Il y avait les hommes

chargés de leur vie de marin, que nous regardions cherchant à percer leur secret, à découvrir leur joie intime. À quelque cent mètres était la porte du large [...] Parfois nous posions une main sur une coque en bois. Il nous arrivait de regarder par un hublot ouvert au ras de l'eau. Oui, nous aussi serions des marins, vivrions sur ces navires, dans ces cabines étroites, errant sans cesse, sans attache avec la terre. À la table de famille, nos mères ne reconnaissaient pas nos yeux chargés de rêves.
Nous n'avions aucun souci de savoir comment nous deviendrions marins ou plutôt comment nous deviendrions capitaines marins. Car nous serions capitaines marins. Mieux : déjà nous l'étions.

Édouard Peisson (1896-1963)

11

DES LEÇONS DE sagesse

La mer est une folle maîtresse de fureurs et de caprices : elle enseigne encore plus la longue patience. Il faut voir louvoyer le bateau à voiles, sous le grand vent : tant qu'il ne fuit pas, tant qu'il n'est pas forcé de mettre à la cape, sa marche est un prodige de patiente obstination.

André Suarès (1868-1948)

À la pêche à la baleine, à la pêche à la baleine,
Disait le père d'une voix courroucée
À son fils Prosper, sous l'armoire allongé,
À la pêche à la baleine, à la pêche à la baleine,
Tu ne veux pas aller,
Et pourquoi donc ?
Et pourquoi donc que j'irais pêcher une bête
Qui ne m'a rien fait, papa,
Va la pépé, va la pêcher toi-même,
Puisque ça te plaît…

Jacques Prévert (1900-1977)

La rivière et le fleuve passent, la mer passe et demeure. C'est ainsi qu'il faudrait aimer, fidèle et fugitif. J'épouse la mer.

Albert Camus (1913-1960)

Dans la poudrière, ils trouvèrent un vieux loup de mer qui fumait sa pipe.
– Grands dieux ! s'exclama le capitaine, que faites-vous là ?
– C'est que, mon capitaine, répondit le vieux loup de mer en guise d'excuse, y paraît qu'on serait en train de sombrer.
– Et supposez que ce soit vrai ? dit le capitaine. Aux yeux du philosophe, il n'y aurait rien de changé à notre situation. La vie, mon vieil ami, la vie, à tout instant et à tous points de vue, est aussi dangereuse qu'un navire en perdition. Et pourtant l'homme est ainsi fait qu'il prend son parapluie, qu'il chausse ses bottes de caoutchouc, qu'il entreprend de grands travaux, bref, qu'il se comporte en tous points comme s'il se croyait éternel. Quant à moi, je méprise celui qui, même à bord d'un navire promis au naufrage, négligerait de prendre ses médicaments ou de remonter sa montre. Une telle attitude, mon ami, ne serait pas digne d'un homme.

Robert Louis Stevenson (1850-1894)

Pourquoi les candidats à la vie commune ne vont-ils pas davantage vivre un certain temps en mer ?
Ils sauraient rapidement s'il vaut la peine de se mettre en ménage.
Quoi qu'il en soit, il semble certain que la vie à bord d'un voilier révèle vite les manques et les limites en matière d'amitié et d'amour. Faire de la voile ensemble vous soude l'un à l'autre ou vous sépare pour de bon. Il n'y a pas de moyen terme.

Björn Larsson (1953-)

Et une fois qu'on est marin, on le reste toujours. La saveur de l'air salin ne s'évente pas. Un marin ne vit jamais assez vieux pour n'avoir plus le désir de lutter encore contre le vent et les vagues.

Jack London (1876-1916)

Dans le même voyage, l'homme de terre et l'homme de mer ont deux buts différents. Le but du premier est d'arriver, le but du deuxième est de repartir. La terre nous tire vers le passé, la mer les pousse vers le futur.

Albert Londres (1884-1932)

LA MER EST SALÉE PARCE QU'IL Y A DES MORUES DEDANS. ET SI ELLE NE DÉBORDE PAS, C'EST PARCE QUE LA PROVIDENCE, DANS SA SAGESSE, Y A PLACÉ AUSSI DES ÉPONGES.

Alphonse Allais (1854-1905)

Il vous faudra d'abord passer près des sirènes. Elles charment tous les mortels qui les approchent. Mais bien fou qui relâche pour entendre leurs chants ! Jamais en son logis, sa femme et ses enfants ne fêtent son retour : car, de leurs fraîches voix, les sirènes le charment, et le pré, leur séjour, est bordé d'un rivage tout blanchi d'ossements et de débris humains, dont les chairs se corrompent. Passe sans t'arrêter ! Mais pétris de la cire à la douceur de miel et, de tes compagnons, bouche les deux oreilles : que pas un d'eux n'entende ; toi seul, dans le croiseur, écoute, si tu veux ! Mais, pied et mains liées, debout sur l'emplanture, fais-toi fixer au mât pour goûter le plaisir d'entendre la chanson, et, si tu les priais, si tu leur commandais de desserrer les nœuds, que tes gens aussitôt donnent un tour de plus.

Homère (VIIIe siècle av. J.-C.)

Il se trouve que,
depuis l'enfance, j'aime
d'amour les courants
marins [...] La pratique des
courants m'aura appris
l'abandon, l'obstination
et la ruse. Il était temps
de rendre hommage à
une telle générosité.

Erik Orsenna (1947-)

12

TROUVER SON CHEMIN de vie

Pourquoi tu pars en mer ? Pour mettre en phase mon esprit et mes sens. Pour être moi, mon vrai moi, pas un moi appris à l'école. Pour échapper à la vie domestique, et, comme disait Huckleberry Finn : « Parce que tante Sally veut m'adopter et me transformer en civilisé. » Tu n'es pas civilisé ? J'aime la mer, je suis libre.

Yann Queffélec (1949-)

Quand tu partiras pour Ithaque, souhaite que le chemin soit long, riche en péripéties et en expériences. […] que nombreux soient les matins d'été, où tu pénètreras dans les ports vus pour la première fois. Fais escale à des comptoirs phéniciens, et acquiers de belles marchandises : nacre et corail, ambre et ébène, et mille sortes d'entêtants parfums. Acquiers le plus possible de ces entêtants parfums. Visite de nombreuses cités égyptiennes, et instruis-toi avidement auprès de leurs sages.
Garde sans cesse Ithaque présente à ton esprit. Ton but final est d'y parvenir, mais n'écourte pas ton voyage : mieux vaut qu'il dure de longues années, et que tu abordes enfin ton île aux jours de ta vieillesse, riche de tout ce que tu as gagné en chemin, sans attendre qu'Ithaque t'enrichisse.
Ithaque t'a donné le beau voyage : sans elle, tu ne te serais pas mis en route. Elle n'a plus rien d'autre à te donner.
Même si tu la trouves pauvre, Ithaque ne t'a pas trompé. Sage comme tu l'es devenu à la suite de tant d'expériences, tu as enfin compris ce que signifient les Ithaque.

Constantin Cavafy (1863-1933)

Il faut abandonner beaucoup de choses pour partir (…) Se jeter dans le vide pour aller voir derrière l’horizon.

Bernard Moitessier (1925-1994)

[…] Je sens que les oiseaux sont ivres
D'être parmi l'écume inconnue et les cieux !
Rien, ni les vieux jardins reflétés par mes yeux
Ne retiendra ce cœur qui dans la mer se trempe

Stéphane Mallarmé (1842-1898)

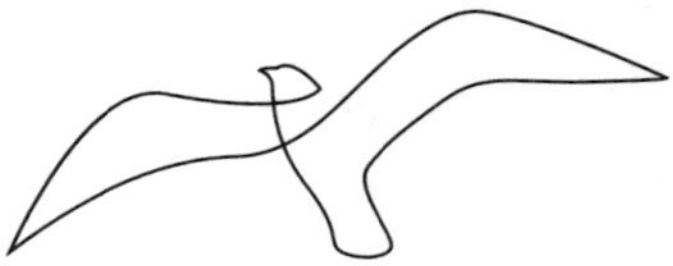

J'ai toujours été déchiré entre mon appétit des êtres, la vanité de l'agitation et le désir de me rendre égal à ces mers d'oubli, à ces silences démesurés qui sont comme l'enchantement de la mort. J'ai le goût des vanités du monde, de mes semblables, des visages, mais à côté du siècle, j'ai une règle à moi qui est la mer et tout ce qui dans ce monde lui ressemble.

Albert Camus (1913-1960)

13

LA MER QUI guérit

Pour les écrivains et les artistes qui sont venus se fixer au bord de ses rivages sans marées, la Méditerranée est une mer de paix et d'union, une eau-mère chargée d'un sel qui est symbole non de stérilité, mais de durée, un bain miraculeux d'où nous sortons guéris, lavés de nos ulcères moraux après chaque immersion.

Paul Morand (1888-1976)

La mer est le vaste réservoir de la nature. C'est par la mer que le globe a pour ainsi dire commencé, et qui sait s'il ne finira pas par elle ! Là est la suprême tranquillité. La mer n'appartient pas aux despotes. À sa surface, ils peuvent encore exercer des droits iniques, s'y battre, s'y dévorer, y transporter toutes les horreurs terrestres. Mais à trente pieds au-dessous de son niveau, leur pouvoir cesse, leur influence s'éteint, leur puissance disparaît ! Ah ! Monsieur, vivez, vivez au sein des mers ! Là seulement est l'indépendance ! Là je ne reconnais plus de maîtres ! Là je suis libre !

Jules Verne (1828-1905)

Cette mer, au giron de laquelle j'étais né, allait devenir le berceau de ma seconde vie ; j'étais porté par elle, dans mon premier voyage, comme dans le sein de ma nourrice, dans les bras de la confidente de mes premiers pleurs et de mes premiers plaisirs.

François-René de Chateaubriand (1768-1848)

La mer fascinera toujours ceux chez qui le dégoût de la vie et l'attrait du mystère ont devancé les premiers chagrins, comme un pressentiment de l'insuffisance de la réalité à les satisfaire. Ceux-là qui ont besoin de repos avant d'avoir éprouvé encore aucune fatigue, la mer les consolera, les exaltera vaguement. Elle ne porte pas comme la terre les traces des travaux des hommes et de la vie humaine. Rien n'y demeure, rien n'y passe qu'en fuyant, et des barques qui la traversent, combien le sillage est vite évanoui ! De là cette grande pureté de la mer que n'ont pas les choses terrestres. Et cette eau vierge est bien plus délicate que la terre endurcie qu'il faut une pioche pour entamer. Le pas d'un enfant sur l'eau y creuse un sillon profond avec un bruit clair, et les nuances unies de l'eau en sont un moment brisé ; puis tout vestige s'efface, et la mer est redevenue calme comme aux premiers jours du monde. Celui qui est las des chemins de la terre ou qui devine, avant de les avoir tentés, combien ils sont âpres et vulgaires, sera séduit par les pâles routes de la mer, plus dangereuses et plus douces, incertaines et désertes. Tout y est plus mystérieux, jusqu'à ces grandes ombres qui flottent parfois paisiblement sur les champs nus de la mer, sans maisons et sans ombrages, et qu'y étendent les nuages, ces hameaux célestes, ces vagues ramures.

Marcel Proust (1871-1922)

14

PRIER, ENTRETENIR l'espoir

Tiens bon la vague et tiens bon le vent
Hissez haut ! Hissez haut ! Santiano !
Si Dieu veut, toujours droit devant
Nous irons jusqu'à San Francisco

On prétend que là-bas, l'argent coule à flots
Hissez haut ! Santiano !
On trouve l'or au fond des ruisseaux
J'en ramènerai plusieurs lingots

Hugues Auffray (1929-)

Enfin, après un dernier effort, je parvins à la terre ferme, où, à ma grande satisfaction, je gravis sur les rochers escarpés du rivage, et m'assis sur l'herbe, délivré de tous périls et à l'abri de toute atteinte de l'Océan. J'étais alors à terre et en sureté sur la rive ; et je commençai à regarder le ciel et à remercier Dieu de ce que ma vie était sauvée, dans un cas où, quelques minutes auparavant, il y avait à peine lieu d'espérer. Je crois qu'il serait impossible d'exprimer au vif ce que sont les extases et les transports d'une âme arrachée, pour ainsi dire, du plus profond de la tombe.

Daniel Defoe (1660-1731)

Mais non, rien ne reparut ; il était descendu en paix dans les profondeurs d'en dessous.

Descente infinie, d'abord rapide comme une chute ; puis lente, lente, alanguie peu à peu dans les couches de plus en plus denses. Mystérieux voyage de plusieurs lieues dans les abîmes inconnus ; où le soleil qui s'obscurcit paraît semblable à une lune blême, puis verdit, tremble, s'efface. Et alors l'obscurité éternelle commence ; les eaux montent, montent, s'entassent au-dessus de la tête du voyageur mort comme une marée de déluge qui s'élèverait jusqu'aux astres.

Mais, en bas, le cadavre tombé a perdu son horreur ; la matière n'est jamais immonde d'une façon absolue. Dans l'obscurité, les bêtes invisibles des eaux profondes vont venir l'entourer ; les madrépores mystérieux vont pousser sur lui leurs branches, le manger très lentement avec mille petites bouches de leurs fleurs vivantes.

Cette sépulture des marins n'est plus violable par aucune main humaine. Celui qui est descendu dormir si bas est plus mort qu'aucun autre mort ; jamais rien de lui ne remontera ; jamais il ne se mêlera plus à cette vieille poussière d'hommes qui, à la surface, se cherche et se recombine toujours dans un éternel effort pour revivre. Il appartient à la vie d'en dessous ; il va passer dans les plantes de pierre qui n'ont pas de couleur, dans les bêtes lentes qui sont sans forme et sans yeux.

Pierre Loti (1850-1923)

”

Je choisis toujours pour errer sur la terre les lieux où il y a assez de place pour tous ceux qui ne sont plus là. Le ciel, l'Océan, la plage de Big Sur déserte jusqu'aux horizons marins. Je cherche sans fin à peupler cette absence de bêtes, d'oiseaux, et chaque fois qu'un phoque se lance de son rocher ou que les cormorans ou les hirondelles de mer resserrent un peu leur cercle autour de moi, mon besoin d'amitié et de compagnie se creuse d'un espoir ridicule et impossible, et je ne peux pas m'empêcher de sourire et de tendre la main.

Romain Gary (1914-1980)

Chaque soir, espérant des lendemains épiques,
L'azur phosphorescent de la mer des Tropiques
Enchantait leur sommeil d'un mirage doré ;

Ou penchés à l'avant des blanches caravelles,
Ils regardaient monter en un ciel ignoré
Du fond de l'Océan des étoiles nouvelles.

José Maria de Heredia (1842-1905)

15

ENCRE
de mer

Sur tous les quais des continents,
Marin sans nom parmi les autres,
Tu trouveras la bienvenue,
De l'enfant que tu fus jadis.

José Gers (1898-1961)

L'Océan sonore
Palpite sous l'œil
De la lune en deuil

Tandis qu'un éclair
Brutal et sinistre
Fend le ciel de bistre
D'un long zigzag clair ;

Et que chaque lame,
En bonds convulsifs,
Le long des récifs
Va, vient, luit et calme,

Et qu'au firmament,
Où l'ouragan erre,
Rugit le tonnerre
Formidablement.

Paul Verlaine (1844-1896)

Et partout où souffle
le vent alizé,
je ne sais pas
de plus beau pays
que le pont
d'une goélette.

Robert Louis Stevenson (1850-1894)

Mousse : il est donc marin, ton père ?...
– Pêcheur. Perdu depuis longtemps.
En découchant d'avec ta mère,
Il a couché dans les brisants…

Maman lui garde au cimetière
Une tombe – et rien dedans –
C'est moi son mari sur la terre,
Pour gagner du pain aux enfants.

Deux petits. – Alors, sur la plage,
Rien n'est revenu du naufrage ?...
– Son garde-pipe et son sabot…

La mère pleure, le dimanche,
Pour repos… Moi : j'ai ma revanche
Quand je serai grand – matelot ! –

Tristan Corbière (1845-1875)

**J'IRAI AU BOUT DE VIVRE,
SANS NOM, SANS PAPIERS,
LA MER TOUJOURS À TEMPS
ME NOMMERA.**

Édouard Maunick (1931-2021)

La mer m'a versé son breuvage
Son lait, salé d'un sel amer ;
Et j'ai grandi comme un sauvage
Sur le sein libre de la mer.

La mer, de ses rudes caresses,
A pétri mon cœur et ma chair ;
Ce sont de farouches tendresses
Que les tendresses de la mer.

La mer m'a chanté l'aventure,
L'espace, la vie au grand air.
Je suis un oiseau de mâture,
Un goéland, fils de la mer !

Et si, dans ma chanson bretonne,
Un souffle passe, large et fier,
C'est qu'en moi gémit, hurle et tonne
L'âme innombrable de la mer.

Anatole Le Braz (1859-1926)

Algues brunes ou rouges
Dessous la vague bougent
Les goémons
Mes amours leur ressemblent,
Il n'en reste il me semble
Que goémons
Que des fleurs arrachées
Se mourant comme les
Noirs goémons
Que l'on prend, que l'on jette
Comme la mer rejette
Les goémons.

Serge Gainsbourg (1928-1991)

Ô mer de luxe frais et de moires fleuries,
Où le mouvant et vaste été
Marie
Sa force à la douceur et la limpidité ;
Mer de clarté et de conquête,
Où voyagent, de crête en crête,
Sur les vagues qu'elles irisent,
Les brises ;
Mer de beauté sonore et de vives merveilles,
Dont la rumeur bruit à mes oreilles
Depuis qu'enfant j'imaginais les grèves bleues
Où l'Ourse et le Centaure et le Lion des cieux
Venaient boire, le soir,
Là-bas, très loin, à l'autre bout du monde ;
Ô mer, qui fus ma jeunesse cabrée,
Ainsi que tes marées
Vers les dunes aux mille crêtes,
Accueille-moi, ce jour, où les eaux sont en fête !

Émile Verhaeren (1855-1916)

Allais Alphonse (1854-1905), écrivain, journaliste.
Auffray Hugues (1929-), auteur, compositeur, interprète.
Banville John (1945-), écrivain, journaliste et scénariste irlandais.
Baricco Alessandro (1958-), écrivain et homme de théâtre italien.
Barrault Jean-Michel (1927-), journaliste, écrivain de marine.
Baudelaire Charles (1821-1867), poète.
Belloc Hillaire (1870-1953), écrivain franco-britannique.
Bloch Jean-Richard (18874-1947), écrivain, journaliste, poète, homme politique.
Bombard Alain (1924-2005), médecin, écrivain.
Cambry Jacques (1749-1807), historien, écrivain.
Camus Albert (1913-1960), écrivain, philosophe.
Cavafy Constantin (1863-1933), fonctionnaire, journaliste et écrivain grec.
Chateaubriand François-René de (1768-1848), écrivain, homme politique.
Coloane Francisco (1910-2002), écrivain chilien.
Conrad Joseph (1857-1924), écrivain britannique.
Corbière Tristan (1845-1875), poète.
Dabadie Jean-Loup (1938-2020), parolier, scénariste, écrivain.
Defoe Daniel (1660-1731), commerçant, homme politique et écrivain britannique.
Deniau Jean-François (1928-2007), homme politique, écrivain.
Dumas Alexandre (1802-1870), écrivain.
Duras Marguerite (1914-1996), écrivaine, réalisatrice.
Fauquemberg David (1973-), écrivain, traducteur.
Flaubert Gustave (1821-1880), écrivain.
Fouchet Lorraine (1956-), écrivaine, scénariste, docteur en médecine.
Gainsbourg Serge (1928-1991), auteur, compositeur, interprète.
Gary Romain (1914-1980), écrivain.
Gers José (1898-1961), poète, journaliste, critique d'art.
Giono Jean (1895-1970), écrivain.

Giraudeau Bernard (1947-2010), acteur, réalisateur, écrivain.
Golding William (1911-1993), écrivain britannique.
Heijmans Toine (1969-), journaliste et écrivain néerlandais.
Hemingway Ernest (1899-1961), écrivain et journaliste américain.
Heredia José Maria de (1842-1905), poète.
Homère (VIIIe siècle av. J.-C.), dramaturge grec.
Hugo Victor (1802-1885), écrivain, poète.
Izzo Jean-Claude (1945-2000), journaliste, écrivain.
Kersauson Olivier de (1944-), navigateur, écrivain.
La Landelle Gustave de (1812-1886), marin, écrivain.
La Ville de Mirmont Jean de (1886-1914), poète, homme de lettres.
Larsson Björn (1953-), enseignant et écrivain suédois.
Le Braz Anatole (1859-1926), enseignant, écrivain, écrivain.
Lhéritier Antony (1912-1993), critique littéraire, poète.
London Jack (1876-1916), écrivain américain.
Londres Albert (1884-1932), journaliste, écrivain.
Loti Pierre (1850-1923), officier de marine, écrivain.
Luca Erri de (1950-), écrivain, journaliste et poète italien.
Mallarmé Stéphane (1842-1898), poète.
Malraux André (1901-1976), écrivain, homme politique.
Maunick Édouard (1931-2021), écrivain et diplomate mauricien.
Maupassant Guy de (1850-1893), écrivain.
Melville Herman (1819-1891), écrivain et poète américain.
Merrien Jean (1905-1972), écrivain.
Michelet Jules (1798-1874), historien.
Moitessier Bernard (1925-1994), navigateur, écrivain.
Morand Paul (1888-1976), diplomate, écrivain voyageur.
Navarro Mariette (1980-), dramaturge, poète.
Orsenna Erik (1947-), écrivain.
Pagnol Marcel (1895-1974), écrivain, cinéaste.
Peisson Édouard (1896-1963), écrivain.
Pérez-Reverte Arturo (1951-), journaliste, écrivain et scénariste espagnol

Prévert Jacques (1900-1977), poète.
Proust Marcel (1871-1922), écrivain.
Queffélec Yann (1949-), écrivain.
Raban Jonathan (1942-), écrivain britannique
Renaud (1952-), auteur, compositeur, interprète.
Rumiz Paolo (1947-), journaliste et écrivain italien.
Saint-John Perse (1887-1975), poète, écrivain, diplomate.
Simenon Georges (1903-1989), écrivain belge.
Stefanson Jon Kalman (1963-), écrivain et poète islandais.
Steinbeck John (1828-1913), écrivain américain.
Stevenson Robert Louis (1850-1894), écrivain écossais.
Suarès André (1868-1948), écrivain, poète.
Tabarly Éric (1931-1998), navigateur.
Trenet Charles (1913-2001), auteur, compositeur, interprète.
Van de Wiele Annie (1922-2099), navigatrice et écrivaine belge.
Verhaeren Émile (1855-1916), poète et écrivain belge.
Verlaine Paul (1844-1896), poète.
Verne Jules (1828-1905), écrivain.
Woolf Virginia (1882-1941), écrivaine britannique.

Crédits photos
Toutes les illustrations sont de **AdobeStock.com.**